alexis
solé - jean-michel

morceaux choisis de... Ve

Couverture : Solé.
"By bye 74"
(dessins : Alexis/Scénario : Claude Moliterni)
L'irrésistible ascension de M. Jambonatowski, garçon boucher (par Jean-Michel)
"Destin hors-série"
(dessins : Alexis/Scénario : Guy Vidal)
"Just Call me Bigeard !" (par Solé)
Les aventures du caporal-chef V.G. Windflower
(dessins : Solé/Scénario : Guy Vidal)
"Opération rentrée" (par Solé)
"Eux Deux" (par Solé)
"Georges et François"
(dessins : Solé/Scénario : Guy Vidal)
"Noël crispé" (par Solé)
"L'homme de l'année" (par Solé)
"V.G.E. aux U.S.A." (par Solé)
"Vive le roi !"
(dessins : Alexis/Scénario : Dominique Jamet)
"The Big Têt Show" (par Jean-Michel).

DARGAUD ÉDITEUR
12, RUE BLAISE-PASCAL - 92201 - NEUILLY-SUR-SEINE

PARUS DANS LA MEME COLLECTION :

1 GERARD LAUZIER ET ALEXIS : " LES AVENTURES D'AL CRANE "
2 CAZA : " SCENES DE LA VIE DE BANLIEUE "
3 REGIS FRANC : " HISTOIRES IMMOBILES ET RECITS INACHEVES "
4 GUY VIDAL ET FLORENCI CLAVE : " LES INNOCENTS D'EL ORO "
5 HUGO PRATT : " LA MACUMBA DU GRINGO "
6 VICTOR MORA ET LUIS GARCIA : " CHRONIQUE DE L'INNOME "
7 BROCAL-REMOHI : " ARCANE "
8 GERARD LAUZIER ET ALEXIS : " LE RETOUR D'AL CRANE " (tome 2)
9 ENKI BILAL : " MEMOIRES D'OUTRE ESPACE "
10 CHRISTIN ET LESUEUR : " EN ATTENDANT LE PRINTEMPS "
11 CAZA (tome 2 des " Scènes de la vie de banlieue ") :
" ACCROCHE-TOI AU BALAI, J'ENLEVE LE PLAFOND ! "
12 CHRISTIN ET VERN : " EN DOUCE, LE BONHEUR "
13 REGIS FRANC : " NOUVELLES HISTOIRES "
14 ALEXIS : " ET PATATI, ET PATATA... "
15 HUGO PRATT : " A L'OUEST DE L'EDEN "
16 TARTEMPION : " L'HOMME AU CHAPEAU MOU "
17 GUY VIDAL ET FLORENCI CLAVE : " L'ILE AUX CHIENS "
18 COUCHO ET PAILLER : " DECONAN LE BARBARESQUE "
19 FILIPPINI ET WININGER : " LE JARDIN SANGLANT "
20 LORO : " SALE TEMPS POUR MOURIR "
21 MARCELE : " MACBETH "
22 CAZA : " L'HACHELEME QUE J'AIME "
23 SOLE : " DERAPAGES "
24 JEAN C. DENIS : " ANNIE MAL "
25 LUIS GARCIA : " LA MORT DE L'INDIEN "
26 CRUMB : " BIG YUM YUM "
27 DRUILLET-PICOTTO : " FIRAZ ET LA VILLE FLEUR "
28 BUZZELLI : " L'AGNONE "
29 SIO : " MES PEURS "
30 GIBRAT : " VISIONS FUTEES "
31 DELAN BOUCQ : " CORNET D'HUMOUR "
32 A.D.G.-LORO-NORTH : "LES ENQUETES DE L'INSPECTEUR BEAUGAT"
33 ROBERT GIGI : "UGAKI, LE SERMENT DU SAMOURAI"
34 HUGO PRATT : "JESUITE JOE"
35 VIDAL-PARRAS : "TU N'ES PAS LE BON DIEU PETIT CHINOIS"
36 ALEXIS, SOLE, JEAN-MICHEL : "MORCEAUX CHOISIS DE... V^e"

COLLECTION PROPOSEE PAR GUY VIDAL ET CLAUDE MOLITERNI

Dépôt légal 1er trimestre 1981 - N° 2590
I S B N 2-205-01814-0

Imprimé en Italie - F.lli Pagano S.p.A. - GE-Campomorone

307 Benjamin Hudon St-Laurent Montréal P.Q. H4N 1J1.

Dépôt légal à Québec - Dépôt légal à Ottawa - 1er trimestre 1981
I S B N 2-205-01814-0

PRESSE IMPORT LEO BRUNELLE INC. 307 Benjamin Hudon
St-Laurent Montréal - P.Q. H4N 1J1
DISTRIBUTEUR EXCLUSIF LICENCIE.

BYE BYE 74
NOUS ON RIGOLE EN DOU-U-CE LA-BA-A-AS DERRIÈRE - LES PIPE-E-E-LI-I-INES MERCI MAHOMET !
?
ET ALORS ? OÙ IL EST MAHOMET ?
DESCENDEZ MAHOMET !
BOUM !
AÏE !
MER-CI MA-HO-MET !
BOUM

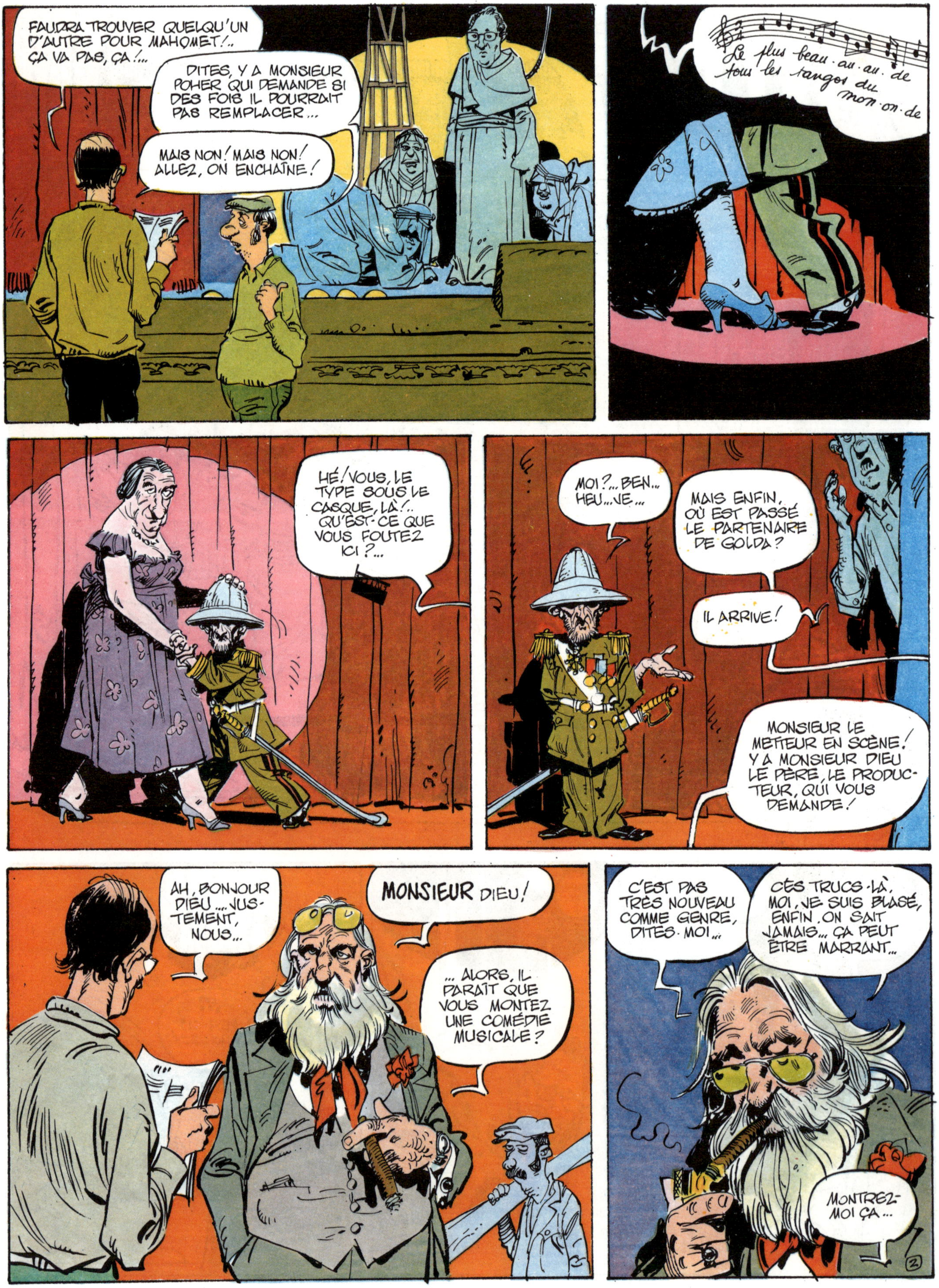
FAUDRA TROUVER QUELQU'UN D'AUTRE POUR MAHOMET !.. ÇA VA PAS, ÇA !...
DITES, Y A MONSIEUR POHER QUI DEMANDE SI DES FOIS IL POURRAIT PAS REMPLACER...
MAIS NON ! MAIS NON ! ALLEZ, ON ENCHAÎNE !
Le plus beau-au-au de tous les tangos du mon-on-de
HÉ ! VOUS, LE TYPE SOUS LE CASQUE, LÀ !.. QU'EST-CE QUE VOUS FOUTEZ ICI ?...
MOI ?... BEN... HEU... JE...
MAIS ENFIN, OÙ EST PASSÉ LE PARTENAIRE DE GOLDA ?
IL ARRIVE !
MONSIEUR LE METTEUR EN SCÈNE ! Y A MONSIEUR DIEU LE PÈRE, LE PRODUCTEUR, QUI VOUS DEMANDE !
AH, BONJOUR DIEU... JUSTEMENT, NOUS...
MONSIEUR DIEU !
... ALORS, IL PARAÎT QUE VOUS MONTEZ UNE COMÉDIE MUSICALE ?
C'EST PAS TRÈS NOUVEAU COMME GENRE, DITES-MOI...
CES TRUCS-LÀ, MOI, JE SUIS BLASÉ, ENFIN, ON SAIT JAMAIS... ÇA PEUT ÊTRE MARRANT...
MONTREZ-MOI ÇA...
3

EH BIEN, J'AI EU DU MAL À RÉUNIR LES FIGURANTS... ILS NE TIENNENT PAS EN PLACE... ILS VONT, ILS VIENNENT... ON NE PEUT PAS COMPTER SUR EUX...
ALORS, C'EST PROMIS?..TU NE DÉPASSES PAS LE CANAL?!
PUISQUE JE TE LE DIS
M'EN FOUS! JE REVIENDRAI!
AH! LÀ, C'EST LA REVUE PORTUGAISE,... MAIS?!...
PINOCHET! QU'EST-CE QUE VOUS FAITES ICI! FOUTEZ-MOI LE CAMP!
?
OUAIS... PAS TERRIBLE...
COUCOU!
ET LA SCÈNE SUIVANTE... HEU... BON SANG!... OÙ EST MON SCRIPT?... BON DIEU! ...OH! EXCUSEZ-MOI!
JE VOUS EN PRIE!
VOILÀ, MONSIEUR...
AH! MERCI MON PETIT!
...AH! OUI... LA SCÈNE SE PASSE EN AVRIL ...LE PRÉSIDENT POMPIDOU EST MORT, PAGNOL AUSSI...
VOUS VOYEZ LA SCÈNE?
MAIS OUI! MAIS OUI!...

EH BIEN, C'EST À TOI!
JE SAIS! ...MAIS J'HÉSITE.
SI TU CONTINUES À FAIRE DES GRIMACES, JE FOUS LES CARTES EN L'AIR ET JE RENTRE CHEZ MOI!
NE VOUS FÂCHEZ PAS, CHABAN, ILS SONT CUITS!
EH BIEN, TIENS, JE JOUE, LÀ! TU ES CONTENT MAINTENANT!
OOOH! QUAND TU ME PARLES SUR CE TON, TU COMMENCES À M'ESCAGASSER! TÉ! TU VEUX QUE JE TE DISE: TU ME FENDS LA ROSE!
ALLONS! MESSIEURS, ALLONS!
PARFAITEMENT, TU ME FENDS LA ROSE!
N'EST-CE PAS, CHABAN, QU'IL ME FEND LA ROSE!?
TIENS! LES VOILÀ VOS CARTES! BANDE DE TRICHEURS! ALLEZ VOUS FAIRE CUIRE UN ŒUF!
FULL AUX OUVRIERS!
FULL AUX P.D.G.!
ALLEZ! ON ENCHAÎNE!

PAS MAL HEIN?!
M'OUAIS... EUH... DITES, POUR MON FILS, VOUS N'AURIEZ PAS UNE PETITE PLACE... MÊME FIGURANT ... EUH...
BEN... JESUS-CHRIST, EN CE MOMENT, SA COTE EST PAS TER-RIBLE... ET PUIS, ON L'A DÉJÀ VU PAS MAL SUR SCÈNE L'ANNÉE DERNIÈRE...
BONJOUR COCO! JE T'AI AMENÉ UNE SURPRISE!
BON... ÇA VA!
SALUT!
ELLE S'APPELLE FRANÇOISE!... ELLE A PAS BEAUCOUP D'EXPÉRIENCE MAIS ELLE PEUT FAIRE UN MALHEUR, JE TE LE GARANTIS!
VOYONS... QU'EST-CE QUE JE PEUX VOUS PROPOSER, CHER AMI?... AH! J'Y SUIS! DANS LE BALLET DE LA SCÈNE 6, IL NOUS MANQUE UNE CHANTEUSE!... TIENS, VOILÀ LA PARTITION!
VOUS HABITEZ CHEZ VOS PARENTS?
5

TAGADA TOUJOURS AU TURBIN DU SOIR AU MATIN
MOI J'EN AI MAAAAARRE
BRAVO, MON PETIT! TRÈS BIEN!... T'ES ENGAGÉE!... LA VOIX UN PEU PLUS ROCAILLEUSE ET C'EST PARFAIT! TU PEUX ALLER SIGNER TON CONTRAT!...
C'EST UN MAGNAT DE LA PRESSE! AVEC LUI DANS LA POCHE, ON EST SÛR D'AVOIR UNE BONNE CRITIQUE!
AH! VOILÀ NIXON! VOUS ALLEZ VOIR! C'EST PAS PIQUÉ DES VERS!
ALORS - RACONTE-NOUS COMMENT ÇA S'EST PASSÉ - IL A DÛ S'EN PASSER PENDANT QU'ON T'ATTENDAIT...
SNAP
OOOH J'AI ÉCOUTÉ ÉCOUTÉ - ÉCOUTÉ ÉCOUTÉ - ÉCOUTÉ!
ALORS?! RACONTE-NOUS
J'AI ÉCOUTÉ ÉCOUTÉ ÉCOUTÉ ÉCOUTÉ
TU L'AS DÉJÀ DIT
OUAIS! TU TE RÉPÈTES
EH! TU RADOTES RICHARD!

ET ALORS J'AI MIS DES MICROS PARTOUT ET J'AI ÉCOUTÉ - ÉCOUTÉ...
ET PUIS ON S'EST FAIT PIQUER ET ON M'A BALANCÉ - BALANCÉ BALANCÉ...
EH! RICHARD! QUI EST-CE QUI TE REMPLACE?
FORD! ... UN GARS QUI ROULE BIEN.
AH! SI JE M'ÉCOUTAIS M'ÉCOUTAIS M'ÉCOUTAIS
RIDEAU!
HA! HA! FORD... UN GARS QUI ROULE BIEN! HO! HO! HO!
AMUSANT, N'EST-CE PAS!?... ET MAINTENANT AVANT LE BALLET FINAL, J'AI UN CHANTEUR EN SOLO...
HA! HA! HA! HA!
A BAS LE STUPRE A BAS LE LUCRE ET LA DÉBAU-AU AU-AU-CHE...
HA! HA! HI! HI!
BON. ÇA VA! ÇA VA!
VIVE LE TRAVAIL VIVE LA FAMILLE ET LA PATRI-I-I I-I-I-E-EE...
ALLEZ LES GIRLS, EN PISTE POUR LE FINAL!

A BAS LE SUCRE
A BAAS LE LUPRE
VIVE LA DÉBAUCHE
ET GAAA... GAA...
DÉBARRASSEZ-MOI DE CE TYPE ET ENVOYEZ LA MUSIQUE!
GGAAAAA
BYE-BYE 74
BYE-BYE 74
ALORS? ELLE EST PAS CHOUETTE, MA COMÉDIE MUSICALE?
BEN... VOYEZ, C'EST PAS MAL... MAIS J'AI PEUR QUE LE PUBLIC ACCROCHE PAS, VOUS COMPRENEZ... NON, IL AURAIT FALLU UN TRUC MOINS INTELLECTUEL!... QUELQUE CHOSE DE MARRANT, QUOI... VOUS VOYEZ CE QUE JE VEUX DIRE...
BON, VOUS ME PRÉPAREZ ÇA POUR L'ANNÉE PROCHAINE! D'ACCORD? ALLEZ SALUT!
MOLITERNI & ALEXIS
FIN
8

mensuel

pilote

L'irrésistible ascension de M. Jambonatowski, garçon boucher...

...et Solé, Lesueur, Lauzier, F'Murr, Lob, Gigi, Greg, Klotz, Pétillon, Iznogoud...

DESTINS HORS·SÉRIE : l'irrésistible ascension de Michel JAMBONATOWSKY

DURANT CES ANNÉES, IL ALLAIT SE LIER AVEC UN AUTRE FRANÇAIS MOYEN, LE JEUNE VALVAL
BOUCHERIE DE FRANCE & DE NAVARRE
JE SERAI UN JOUR LE PATRON !
ENSEMBLE, ILS USÈRENT LEUR FOND DE CULOTTE SUR LES BANCS DE L'ÉCOLE ...
S'IL Y A UNE PANNE DE COURANT ET QU'UNE FOIS LA LUMIÈRE REVENUE, JE RETROUVE QUELQU'UN AVEC UN PORTE-PLUME PLANTÉ DANS LA MAIN, TU PEUX ÊTRE SÛR QUE C'EST VALVAL QUI A FAIT LE COUP...
ENSEMBLE, ILS FRÉQUENTÈRENT LES LIEUX QUE FRÉQUENTE HABITUELLEMENT LA JEUNESSE PARTIE À ÉGALITÉ DE CHANCES.
MES HOMMAGES, MADAME...
ÇA VA ! ÇA VA ! ÇA SUFFIT...
ENFIN, UN SOIR, MICHEL DÉCIDA D'AVOUER SES AMBITIONS À L'AUTEUR DE SES JOURS...
PÈRE ?
OUI, FILS...
IL FAUT QUE JE VOUS DISE QUE J'AI CHOISI MA VOIE, JE SERAI BOUCHER...
TOUT EST BIEN, MON FILS. JE SAVAIS QUE JE POUVAIS COMPTER SUR VOUS.
PAPA...

À CE MOMENT-LÀ, LE MARCHÉ MONDIAL DE LA VIANDE SUBISSAIT UNE CRISE À NULLE AUTRE PAREILLE. À LA "BOUCHERIE DE FRANCE ET DE NAVARRE" DEUX HOMMES SE DISPUTAIENT LA PREMIÈRE PLACE...
CELUI QUI A LA MOUSTACHE, IL A FAIT DON DE SA PERSONNE À LA BOUCHERIE, C'EST UN TRADITIONNALISTE...
M'OUAIS... TANDIS QUE L'AUTRE, IL EST POUR LA DÉCOUPE MÉCANIQUE DU RUMSTEAK...
LE COMBAT FUT LONG ET SANS PITIÉ NI QUARTIER. MICHEL PESA LONGUEMENT LE POUR ET LE CONTRE AVANT DE CHOISIR SON CAMP. PUIS, AVEC SON AMI VALVAL, ILS REJOIGNIRENT CELUI QUI AVAIT CHOISI DE MAINTENIR QUOIQU'IL EN COÛTE L'ÉTENDARD DE L'ENTRECÔTE TRICOLORE.
CE CHOIX S'AVÉRA PAYANT. EN EFFET, LE VIEUX MAÎTRE BOUCHER QUI AVAIT REPRIS LE FONDS EN DÉCONFITURE AU DÉBUT DES ANNÉES 40, AVAIT EU LE TORT DE LIER SON ENTREPRISE AU SORT D'UN CONSORTIUM ALLEMAND...
... LEQUEL S'AVÉRA IMPUISSANT À ENRAYER L'INVASION DES PRODUITS MADE IN U.S.A. PRODUITS DONT LA QUALITÉ DEVAIENT IMPRESSIONNER DURABLEMENT VALVAL ET SON AMI JAMBONATOWSKY.
LE CALME REVENU, MICHEL JAMBONATOWSKY ET SON AMI VALVAL FIRENT UN CERTAIN NOMBRE DE STAGES DANS DES ÉTABLISSEMENTS RÉPUTÉS.
TENEZ, VALVAL, PORTEZ CE TABLIER À M'ME LUCIE...
CHEZ EDGAR
ACHETEZ EDGAR
AVEC RIEN FAITES COMME SI VOUS AVIEZ TOUT!
BOUC
ENFIN, LE FAMEUX PATRON BOUCHER DONT ILS AVAIENT CROISÉ LA ROUTE DURANT LEUR IMPÉTUEUSE JEUNESSE REVINT À LA TÊTE DE LA "BOUCHERIE DE FRANCE ET DE NAVARRE". IL AVAIT REMARQUÉ LE JEUNE VALVAL ET CELUI-CI NE TARDA PAS À ÊTRE APPELÉ À TENIR LA CAISSE DE L'ÉTABLISSEMENT...
DONNEZ DONC UN PEU DE MOU POUR SES CHATS À MONSIEUR ANTOINE...
NE SOYONS PAS MESQUINS...
PAS DE CREDIT
NON
PAS DE SOUS!
NON!

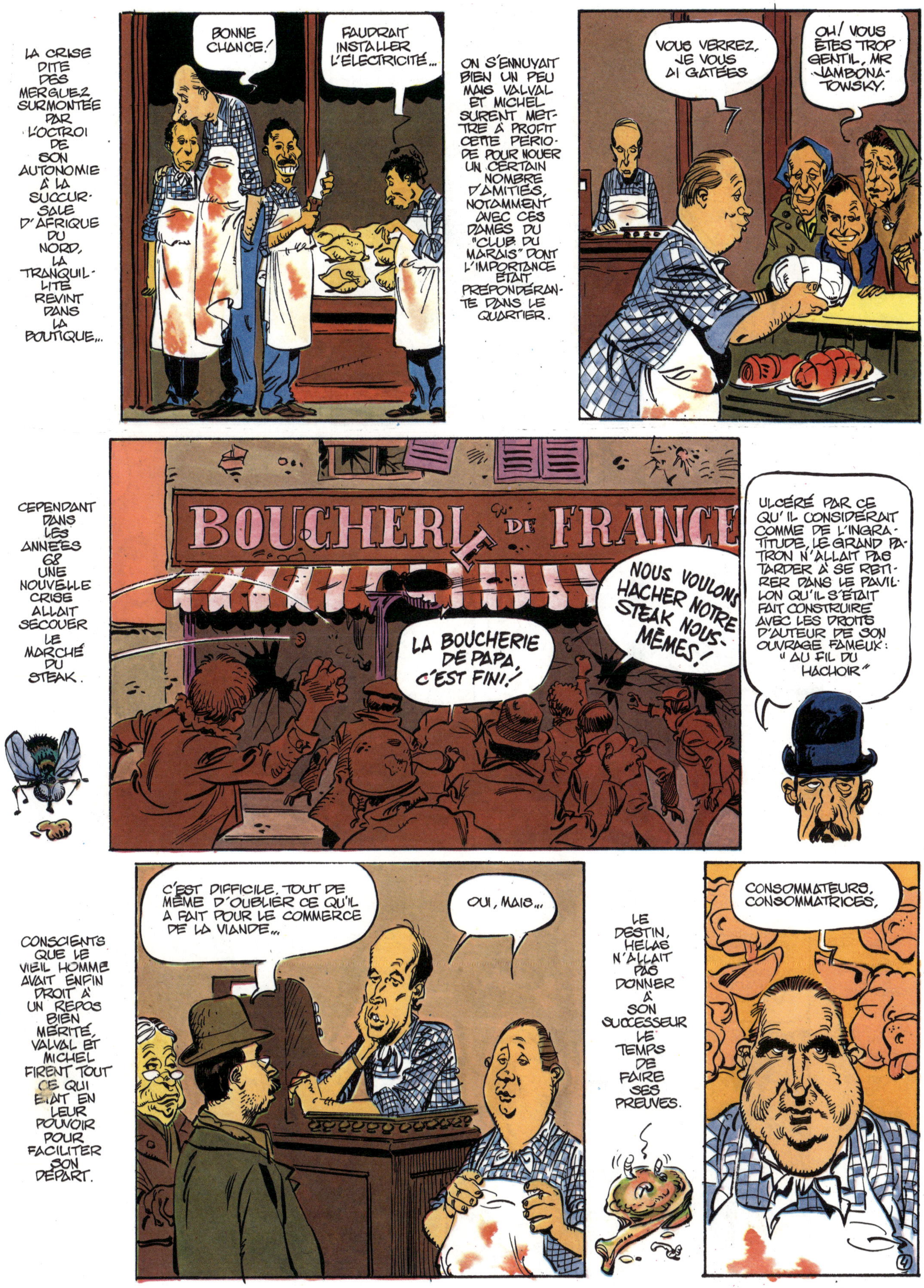
LA CRISE DITE DES MERGUEZ SURMONTÉE PAR L'OCTROI DE SON AUTONOMIE À LA SUCCURSALE D'AFRIQUE DU NORD, LA TRANQUILLITÉ REVINT DANS LA BOUTIQUE...
BONNE CHANCE!
FAUDRAIT INSTALLER L'ÉLECTRICITÉ...
ON S'ENNUYAIT BIEN UN PEU MAIS VALVAL ET MICHEL SURENT METTRE À PROFIT CETTE PÉRIODE POUR NOUER UN CERTAIN NOMBRE D'AMITIÉS, NOTAMMENT AVEC CES DAMES DU "CLUB DU MARAIS" DONT L'IMPORTANCE ÉTAIT PRÉPONDÉRANTE DANS LE QUARTIER.
VOUS VERREZ, JE VOUS AI GÂTÉES
OH! VOUS ÊTES TROP GENTIL, MR JAMBONATOWSKY.
CEPENDANT DANS LES ANNÉES 68 UNE NOUVELLE CRISE ALLAIT SECOUER LE MARCHÉ DU STEAK.
BOUCHERIE DE FRANCE
NOUS VOULONS HACHER NOTRE STEAK NOUS-MÊMES!
LA BOUCHERIE DE PAPA, C'EST FINI!
ULCÉRÉ PAR CE QU'IL CONSIDÉRAIT COMME DE L'INGRATITUDE, LE GRAND PATRON N'ALLAIT PAS TARDER À SE RETIRER DANS LE PAVILLON QU'IL S'ÉTAIT FAIT CONSTRUIRE AVEC LES DROITS D'AUTEUR DE SON OUVRAGE FAMEUX: "AU FIL DU HACHOIR"
CONSCIENTS QUE LE VIEIL HOMME AVAIT ENFIN DROIT À UN REPOS BIEN MÉRITÉ, VALVAL ET MICHEL FIRENT TOUT CE QUI ÉTAIT EN LEUR POUVOIR POUR FACILITER SON DÉPART.
C'EST DIFFICILE, TOUT DE MÊME D'OUBLIER CE QU'IL A FAIT POUR LE COMMERCE DE LA VIANDE...
OUI, MAIS...
LE DESTIN, HÉLAS N'ALLAIT PAS DONNER À SON SUCCESSEUR LE TEMPS DE FAIRE SES PREUVES.
CONSOMMATEURS, CONSOMMATRICES,

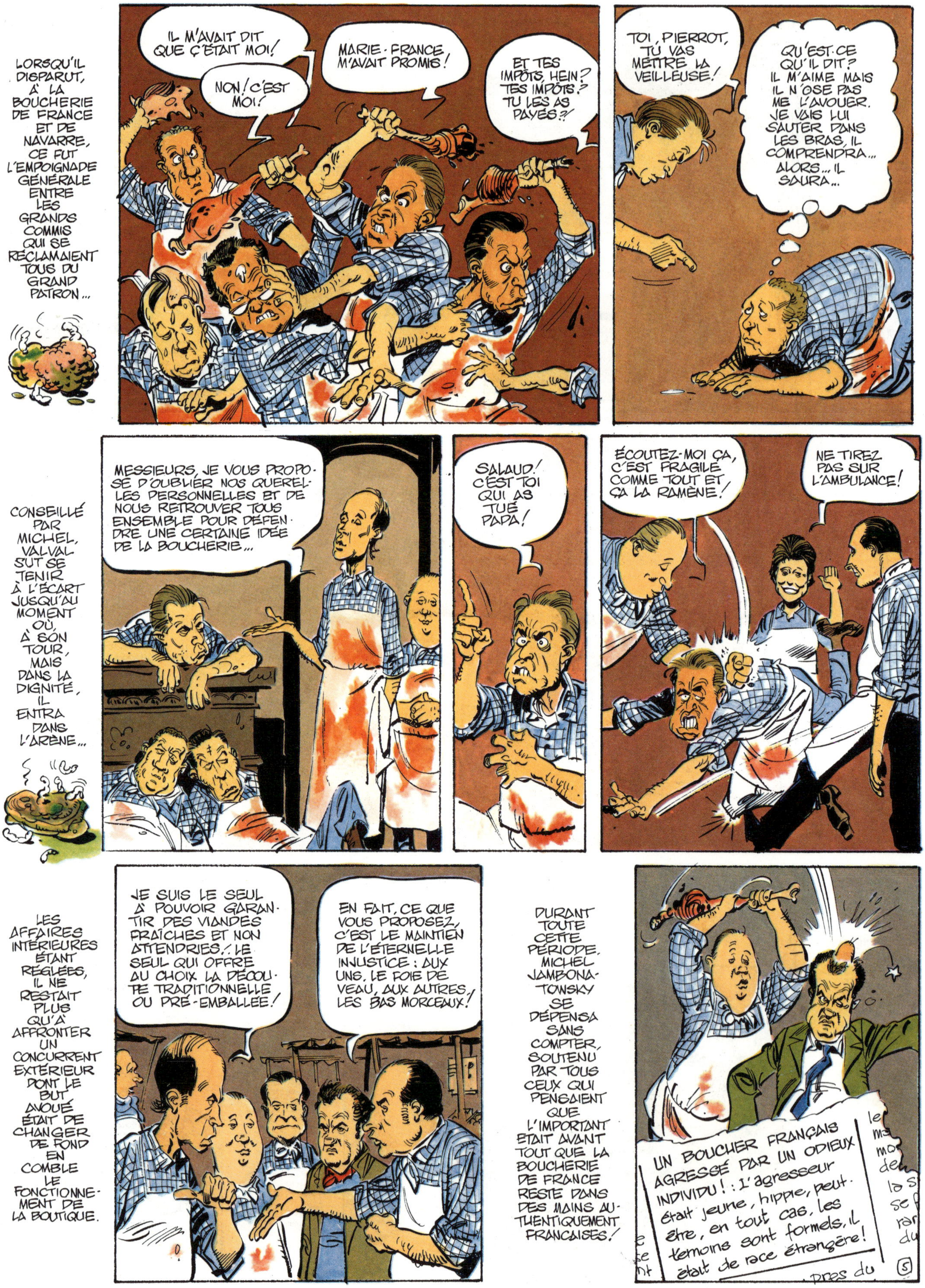
LORSQU'IL DISPARUT, À LA BOUCHERIE DE FRANCE ET DE NAVARRE, CE FUT L'EMPOIGNADE GÉNÉRALE ENTRE LES GRANDS COMMIS QUI SE RÉCLAMAIENT TOUS DU GRAND PATRON...
IL M'AVAIT DIT QUE C'ÉTAIT MOI!
NON! C'EST MOI!
MARIE-FRANCE M'AVAIT PROMIS!
ET TES IMPÔTS, HEIN? TES IMPÔTS? TU LES AS PAYÉS?!
TOI, PIERROT, TU VAS METTRE LA VEILLEUSE!
QU'EST-CE QU'IL DIT? IL M'AIME MAIS IL N'OSE PAS ME L'AVOUER. JE VAIS LUI SAUTER DANS LES BRAS, IL COMPRENDRA... ALORS... IL SAURA...
CONSEILLÉ PAR MICHEL, VALVAL SUT SE TENIR À L'ÉCART JUSQU'AU MOMENT OÙ, À SON TOUR, MAIS DANS LA DIGNITÉ, IL ENTRA DANS L'ARÈNE...
MESSIEURS, JE VOUS PROPOSE D'OUBLIER NOS QUERELLES PERSONNELLES ET DE NOUS RETROUVER TOUS ENSEMBLE POUR DÉFENDRE UNE CERTAINE IDÉE DE LA BOUCHERIE...
SALAUD! C'EST TOI QUI AS TUÉ PAPA!
ÉCOUTEZ-MOI ÇA, C'EST FRAGILE COMME TOUT ET ÇA LA RAMÈNE!
NE TIREZ PAS SUR L'AMBULANCE!
LES AFFAIRES INTÉRIEURES ÉTANT RÉGLÉES, IL NE RESTAIT PLUS QU'À AFFRONTER UN CONCURRENT EXTÉRIEUR DONT LE BUT AVOUÉ ÉTAIT DE CHANGER DE FOND EN COMBLE LE FONCTIONNEMENT DE LA BOUTIQUE.
JE SUIS LE SEUL À POUVOIR GARANTIR DES VIANDES FRAÎCHES ET NON ATTENDRIES. LE SEUL QUI OFFRE AU CHOIX LA DÉCOUPE TRADITIONNELLE OU PRÉ-EMBALLÉE!
EN FAIT, CE QUE VOUS PROPOSEZ, C'EST LE MAINTIEN DE L'ÉTERNELLE INJUSTICE : AUX UNS, LE FOIE DE VEAU, AUX AUTRES, LES BAS MORCEAUX!
DURANT TOUTE CETTE PÉRIODE, MICHEL JAMBONATOWSKY SE DÉPENSA SANS COMPTER, SOUTENU PAR TOUS CEUX QUI PENSAIENT QUE L'IMPORTANT ÉTAIT AVANT TOUT QUE LA BOUCHERIE DE FRANCE RESTE DANS DES MAINS AUTHENTIQUEMENT FRANÇAISES!
UN BOUCHER FRANÇAIS AGRESSÉ PAR UN ODIEUX INDIVIDU! : l'agresseur était jeune, hippie, peut-être, en tout cas, les témoins sont formels, il était de race étrangère!

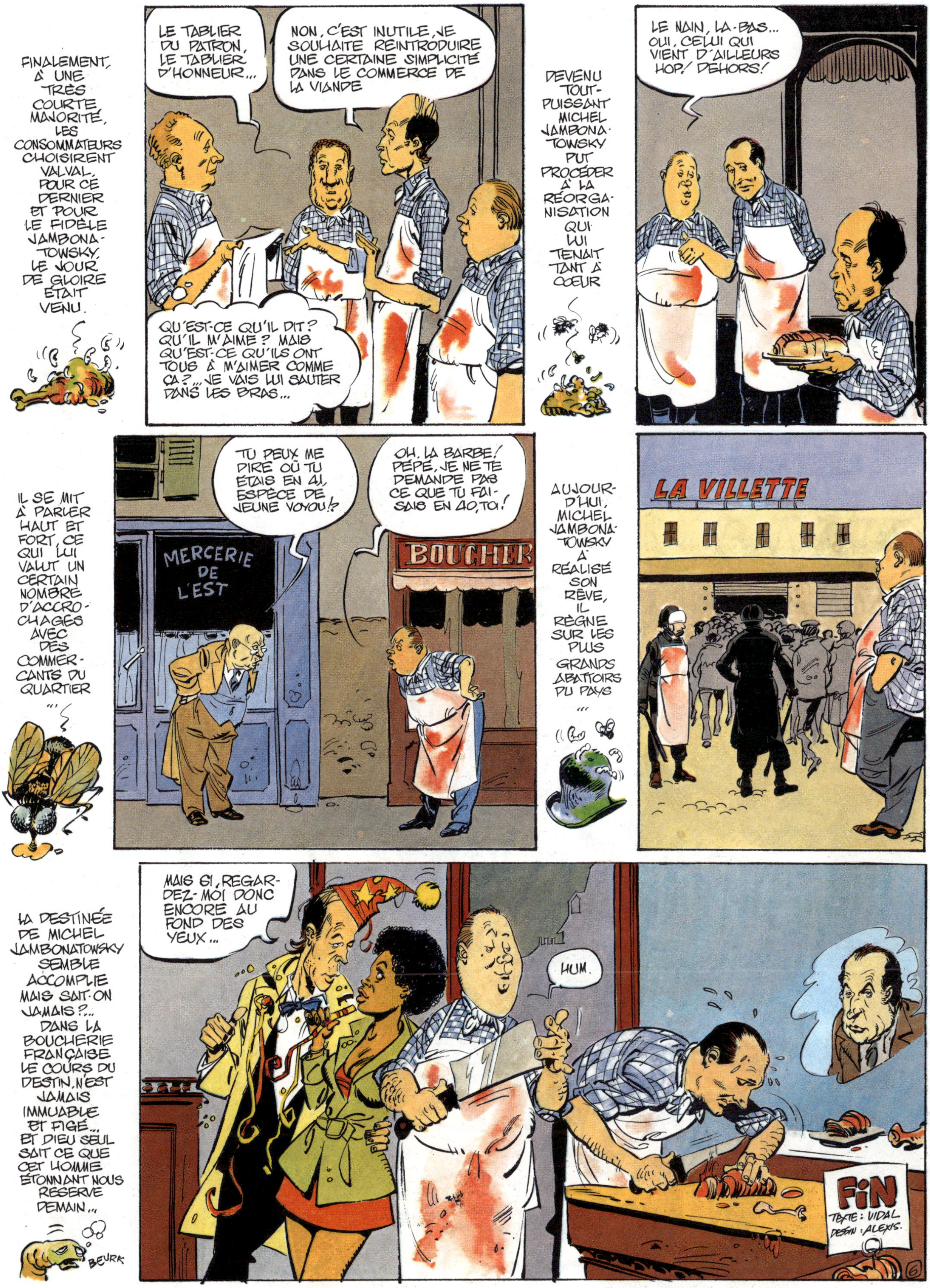
FINALEMENT, À UNE TRÈS COURTE MAJORITÉ, LES CONSOMMATEURS CHOISIRENT VALVAL. POUR CE DERNIER ET POUR LE FIDÈLE JAMBONATOWSKY, LE JOUR DE GLOIRE ÉTAIT VENU.
LE TABLIER DU PATRON, LE TABLIER D'HONNEUR...
NON, C'EST INUTILE, JE SOUHAITE REINTRODUIRE UNE CERTAINE SIMPLICITÉ DANS LE COMMERCE DE LA VIANDE
QU'EST-CE QU'IL DIT? QU'IL M'AIME? MAIS QU'EST-CE QU'ILS ONT TOUS À M'AIMER COMME ÇA?... JE VAIS LUI SAUTER DANS LES BRAS...
DEVENU TOUT-PUISSANT MICHEL JAMBONATOWSKY PUT PROCÉDER À LA RÉORGANISATION QUI LUI TENAIT TANT À COEUR
LE NAIN, LÀ-BAS... OUI, CELUI QUI VIENT D'AILLEURS HOP! DEHORS!
IL SE MIT À PARLER HAUT ET FORT, CE QUI LUI VALUT UN CERTAIN NOMBRE D'ACCROCHAGES AVEC DES COMMERÇANTS DU QUARTIER
MERCERIE DE L'EST
BOUCHER
TU PEUX ME DIRE OÙ TU ÉTAIS EN 41, ESPÈCE DE JEUNE VOYOU!?
OH, LA BARBE! PÉPÉ, JE NE TE DEMANDE PAS CE QUE TU FAISAIS EN 40, TOI!
AUJOURD'HUI, MICHEL JAMBONATOWSKY A RÉALISÉ SON RÊVE, IL RÈGNE SUR LES PLUS GRANDS ABATTOIRS DU PAYS...
LA VILLETTE
LA DESTINÉE DE MICHEL JAMBONATOWSKY SEMBLE ACCOMPLIE MAIS SAIT-ON JAMAIS?... DANS LA BOUCHERIE FRANÇAISE LE COURS DU DESTIN N'EST JAMAIS IMMUABLE ET FIGÉ... ET DIEU SEUL SAIT CE QUE CET HOMME ÉTONNANT NOUS RÉSERVE DEMAIN...
BEURK
MAIS SI, REGARDEZ-MOI DONC ENCORE AU FOND DES YEUX...
HUM.
FIN
TEXTE: VIDAL
DESSIN: ALEXIS.

mensuel
pilote
Une nouvelle aventure du caporal-chef V.G. WINDFLOWER!
JUST CALL ME BIGEARD!
SOLÉ d'après GIR

LES AVENTURES DU CAPORAL-CHEF V.G.WINDFLOWER

TONNERRE SUR FORT FRENCH

•TEXTE DE GUY VIDAL • DESSIN DE JEAN SOLÉ*•

LES ENNUIS RECOMMENCÈRENT DANS LA RÉGION À LA FIN DE L'ANNÉE 1874, QUAND LA MALLE POSTE FUT DE NOUVEAU ATTAQUÉE SUR LA PISTE CONDUISANT DE WASHINGTON À FORT-FRENCH. À SON BORD, CE JOUR-LÀ, SE TROUVAIT BILLY LELONG, RESPONSABLE DES COMMUNICATIONS POUR TOUTE LA RÉGION ET JACK SOUFFLET, COMMANDANT LES FÉDÉRAUX CHARGÉS DE PROTÉGER LE VÉHICULE.

* D'APRÈS GIR

EN CE TEMPS-LÀ, DANS CETTE PARTIE DE L'OUEST, LA GUERRE FAISAIT RAGE ENTRE VISAGES PÂLES ET GUERRIERS ROUGES, RENDUS FURIEUX PAR LES IN--JUSTICES DONT ON LES ABREUVAIT DEPUIS TANT D'ANNÉES...
AU COURS D'UN ENGAGEMENT, LE CHEF COWCOW BOEUF-TERRIBLE SCALPE UN GROS COLON BLANC DU NOM DE FRANK CEYRAC...
LES INDIENS ET NOTAMMENT LES DEUX PRINCIPALES TRIBUS, CELLES DES COWCOWS ET DES SHOSHIALOS, AVAIENT RÉUSSI, APRÈS DE MULTIPLES PALABRES À S'UNIR POUR LUTTER CONTRE L'ENNEMI COMMUN...
WASHINGTON, CONSCIENT DE LA GRAVITÉ DE LA SITUATION, AVAIT ALORS DÉLÉGUÉ SUR PLACE UN DE SES PLUS BRILLANTS REPRÉSENTANTS : LE CAPORAL-CHEF V.G. WINDFLOWER. "INTELLIGENT, RÉALISTE, SÉDUISANT AUTANT QUE REDOUTABLE", CELUI-CI AVAIT SU S'ENTOURER D'HOMMES AMBITIEUX QUI, BIEN QUE SE HAÏSSANT, EXÉCUTAIENT SES ORDRES AVEC UNE EFFICACITÉ DIABOLIQUE.
À LA FIN 1874, NECK ET MAC LES DEUX ADJOINTS DE V.G.W ABATTENT UN CERTAIN ALEX SANGUINETTI, CHEF D'UNE BANDE RIVALE.
AARGH
PAW
PAW
PAW
2A
DANS LES PREMIERS JOURS DE L'ÉTÉ 1874, ALORS QUE V.G. WINDFLOWER PRENAIT LE COMMANDEMENT DE FORT-FRENCH, LES INDIENS LANCÈRENT UNE GRANDE OFFENSIVE. IL S'EN FALLUT DE PEU À CE MOMENT-LÀ QUE FORT FRENCH NE TOMBE...
QUE PAS UN DE CES CHIENS CAPITALISTES* N'EN RÉCHAPPE !!!
YOOYOO
PAW
PAW
PAW
* vieille injure cowcow.
NOUS SERONS BIENTÔT À COURT DE MUNITIONS !... ET CES DÉMONS LE SAVENT !
minute
OAS
AUX ARMES !
FEU !
ATTENTION !
V.G. WINDFLOWER ET LES SIENS NE DURENT LEUR SALUT QU'À L'ARRIVÉE, AU DERNIER MOMENT, DE QUELQUES FERMIERS DE LA PLAINE QUI, LEUR APPORTANT QUELQUES CAISSES DE CARTOUCHES, LEUR PERMIRENT D'EMPORTER LA DÉCISION. MAIS GRANDE AVAIT ÉTÉ LA PEUR DES BLANCS !!!
PAW
PAW
PAW
PAW
PERONNET
REPOUSSÉS MAIS NON VAINCUS, LES ROUGES ENTREPRIRENT ALORS LE SIÈGE DU FORT : LEUR BUT : COUPER LA PISTE RELIANT FORT FRENCH À WASHINGTON, S'EMPARER DU FORT ET TRANSFORMER CELUI-CI EN RÉSERVE ROUGE...
2B

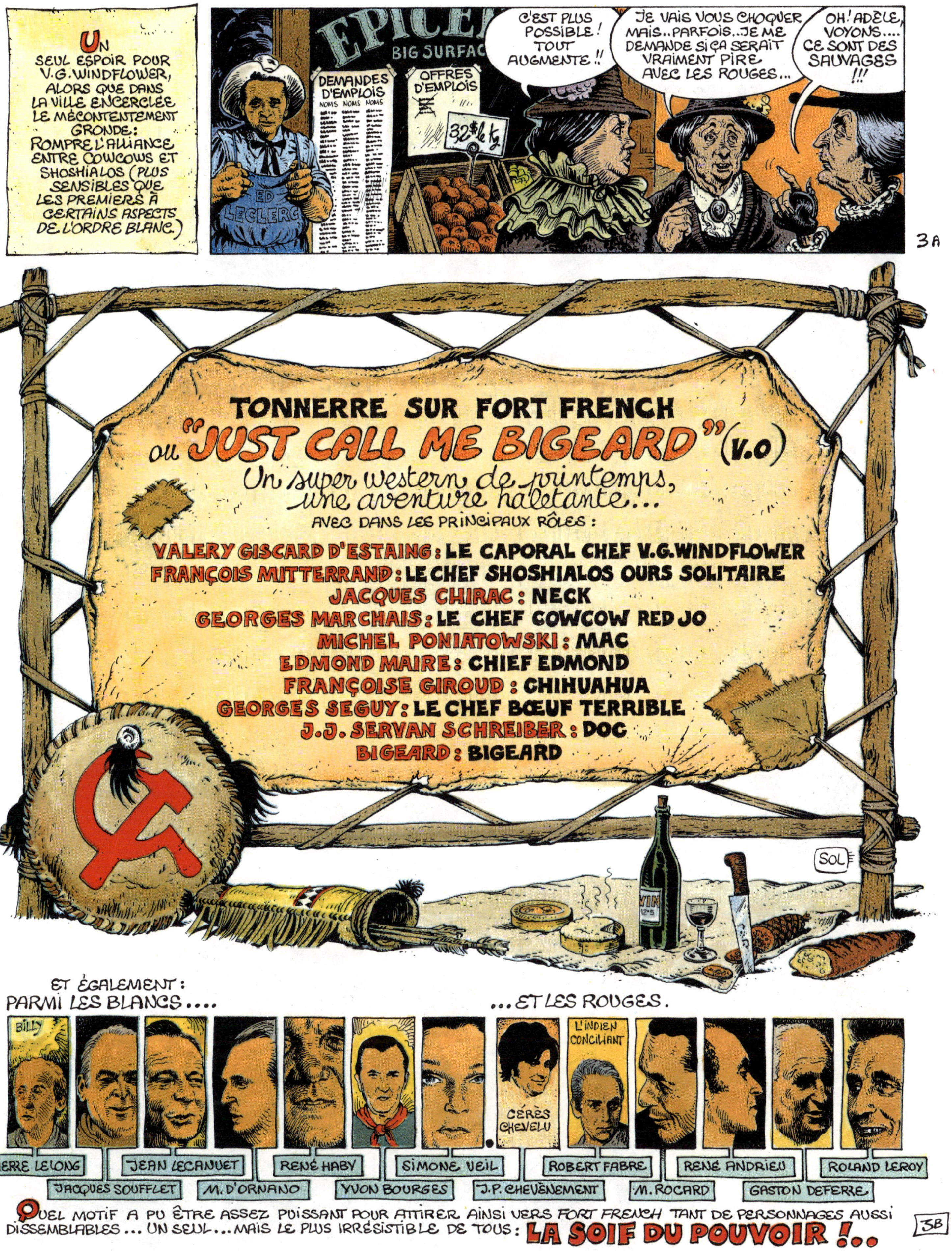
UN SEUL ESPOIR POUR V.G.WINDFLOWER, ALORS QUE DANS LA VILLE ENCERCLÉE LE MÉCONTENTEMENT GRONDE: ROMPRE L'ALLIANCE ENTRE COWCOWS ET SHOSHIALOS (PLUS SENSIBLES QUE LES PREMIERS À CERTAINS ASPECTS DE L'ORDRE BLANC.)
EPICE
BIG SURFAC
DEMANDES D'EMPLOIS
NOMS NOMS NOMS
OFFRES D'EMPLOIS
32$ le kg
ED LECLERC
C'EST PLUS POSSIBLE ! TOUT AUGMENTE !!
JE VAIS VOUS CHOQUER MAIS.. PARFOIS.. JE ME DEMANDE SI ÇA SERAIT VRAIMENT PIRE AVEC LES ROUGES...
OH ! ADÈLE, VOYONS.... CE SONT DES SAUVAGES !!!
3A
TONNERRE SUR FORT FRENCH
ou "JUST CALL ME BIGEARD" (V.O)
Un super western de printemps, une aventure haletante...
AVEC DANS LES PRINCIPAUX RÔLES :
VALERY GISCARD D'ESTAING : LE CAPORAL CHEF V.G.WINDFLOWER
FRANÇOIS MITTERRAND : LE CHEF SHOSHIALOS OURS SOLITAIRE
JACQUES CHIRAC : NECK
GEORGES MARCHAIS : LE CHEF COWCOW RED JO
MICHEL PONIATOWSKI : MAC
EDMOND MAIRE : CHIEF EDMOND
FRANÇOISE GIROUD : CHIHUAHUA
GEORGES SEGUY : LE CHEF BŒUF TERRIBLE
J.J. SERVAN SCHREIBER : DOC
BIGEARD : BIGEARD
SOL
VIN 12°5
ET ÉGALEMENT :
PARMI LES BLANCS....
...ET LES ROUGES.
BILLY
CÉRÈS CHEVELU
L'INDIEN CONCILIANT
PIERRE LELONG
JACQUES SOUFFLET
JEAN LECANUET
M. D'ORNANO
RENÉ HABY
YVON BOURGES
SIMONE VEIL
J.P. CHEVÈNEMENT
ROBERT FABRE
M. ROCARD
RENÉ ANDRIEU
GASTON DEFERRE
ROLAND LEROY
QUEL MOTIF A PU ÊTRE ASSEZ PUISSANT POUR ATTIRER AINSI VERS FORT FRENCH TANT DE PERSONNAGES AUSSI DISSEMBLABLES ... UN SEUL... MAIS LE PLUS IRRÉSISTIBLE DE TOUS : LA SOIF DU POUVOIR !..
3B

CEPENDANT ALORS QUE SE DÉROULE L'ATTAQUE DE LA MALLE POSTE, SUR LES TERRES INDIENNES, UN JEUNE GUERRIER S'EN VIENT TROUBLER LA MÉDITATION DU CHEF SUPRÊME DES "SHOSHIALOS", OURS SOLITAIRE, UN VÉTÉRAN DES GUERRES INDIENNES...
LE CHEF DOIT M'ÉCOUTER...
TSSS....TSSS... JEUNE GUERRIER PAS SAVOIR APPRÉCIER BONHEUR QU'IL Y A PARFOIS À REGARDER MONDE PAR LA FENÊTRE ENTROUVERTE...
VIEUX CHEF SE FOUTRE PLUME DANS L'OEIL! PAS MOMENT FAIRE POÈTE... MOMENT FAIRE GUERRE À DE VISAGES PALES! HUGH!! CÉRÈS CHEVELU A PARLÉ...
CÉRÈS CHEVELU ÊTRE TROP IMPÉTUEUX... IL FAUT QU'OURS SOLITAIRE FASSE POW POW ENCORE AVEC ALLIÉ RED JO...
RED JO ÊTRE D'ACCORD AVEC CÉRÈS CHEVELU POUR ENVOYER RENFORTS À BOEUF TERRIBLE ET À CHIEF EDMOND....
OURS SOLITAIRE AVOIR BIEN ENTENDU, MAIS OURS SOLITAIRE PAS AVOIR CONFIANCE TERRIBLE EN LANGUE FOURCHUE DE RED JO ET EN CELLE DE MÉDECINE-MAN DES COW-COWS, CE FILS DE SHTALINIEN* DE LE ROI ... MAINTENANT CÉRÈS CHEVELU FERMER SON GUEULE ET SUIVRE OURS SOLITAIRE ....
*Vieille expression péjorative des tribus Shoshialos désignant les chacals et autres carnassiers des plaines de l'est.
4A
ET VOILÀ LE POURBOIRE! AH! AH! AH! CES RASCALS VONT RENONCER À LA POURSUITE!... AH! AH! AH! AH!
BILLY LELONG
AU MÊME INSTANT SUR LA PISTE POUSSIÉREUSE CONDUISANT À FORT-FRENCH....
MINISTÈRE DES POSTES
YEAH!!!
4B

MALDITO !!! SATANÉS CHICANOS !! POUR QUELQUES DOLLARS, VOUS RENONCEZ À UNE VRAIE FORTUNE....
OGALALA YAK YAK
HOOKAH HEY
AGALI AUGALO *
*EN LANGAGE PITITI : "CHIEF EDMOND – STOP – ON PRÉFÈRE TENIR – STOP – QUE COURIR TROP LONGTEMPS".

IL A RAISON... PRENONS CE QUE NOUS POUVONS PRENDRE... CES MAUDITS GRINGOS NE NOUS ÉCHAPPERONT PAS, C'EST INSCRIT DANS LA MARCHE DES ÉTOILES...
IL Y A DES MOMENTS OÙ LOGIQUE-MARXISTE* DE BOEUF TERRIBLE FAIT TERRIBLEMENT SUER CHIEF EDMOND HUGH !!
CGT
CFDT
*religion des cowcows héritée d'un médecine-man fameux nommé K. MARX ou aussi SAGOYEWATHA ("celui qui parle pour que les autres demeurent éveillés")
5A

MAIS CE MATIN-LÀ, BOEUF TERRIBLE AVAIT DÛ MAL LIRE DANS LA MARCHE DES ÉTOILES. LA MALLE-POSTE, EN EFFET, ÉTAIT DÉSORMAIS HORS DE PORTÉE. À CE MÊME MOMENT ELLE FRANCHISSAIT LES PORTES DE FORT-FRENCH OÙ SE DÉROULAIENT UN CERTAIN NOMBRE D'ÉVÉNEMENTS HABITUELS EN CES TEMPS RECULÉS....
ELYSÉE'S
SALOON
BAR
THELEME
PAW PAW
ON VA T'ACHEVER SALE RATON !!!
ON VEUT PAS CREVER !!!
ET MAINTENANT, HONORABLES GENTLEMEN, JE SUIS HEUREUX DE VOUS ANNONCER L'OUVERTURE DE L'ANNÉE DE LA FEMME... APPROCHEZ ! APPROCHEZ ! DU SEXUEL ! DU PITTORESQUE ! APPROCHEZ ! APPROCHEZ !
BLOODY HELL !!! QUELLE ÉPOQUE RUDE ET FAROUCHE !!!
RENAULT
STOP AU CHOMAGE
UNE VRAIE FEMM
10¢
fille PORTAL
mère PORTAL
DÉMOLISSEURS
VIVE L'ORDRE DES MÉDECINS
A BAS
A BAS L'ORDRE DES MÉDECINS
THE FUMAGE
VIEUX
BLUEBERRY
N'AYEZ PAS PEUR, JE NE SUIS PAS ZOLA...
5B

PATRON! LA DILIGENCE EST LÀ! ILS ONT RÉUSSI À PASSER MAIS LE COURRIER EST PERDU ET LES HOMMES DE JACK SE SONT MUTINÉS...
EXCELLENCE... NOUS...
LAISSE-NOUS T'EXPLIQUER V.G....
ESTUPIDOS!!! J'AVAIS DIT QUE JE NE VOULAIS PAS D'ACCROCHAGES...
ET TOI, JACK!... GOOD SHOT!... INCAPA-BLE DE TENIR TES HOMMES...
V.G... CE SONT DES MAUVIETTES... J'AI VOULU LEUR REDONNER DU NERF, UN IDÉAL...
... EN LEUR ENFONÇANT DES MANCHES DE BALAI DANS LE CUL, RASCAL!!
CLIC
6A
PAW PAW
AAHHHHH
OUWWHHH
POR DIOS! QU'EST CE QU'IL VA FALLOIR QUE J'INVENTE ENCORE POUR EXPLIQUER ÇA AUX GENS, MOI ?!!!
TU LEUR DIRAS... QU'ILS SONT MALADES... QU'ILS SONT PARTIS SE REPOSER À LA CAMPAGNE...
OK!! V.G...
IL S'Y PREND DE MIEUX EN MIEUX POUR GÉRER L'IMPRÉVISIBLE...
6B

DEMANDE AU SERGENT DE VENIR ME VOIR !
O.K! BOSS
DARLING....
J'AI ENVIE DE TENTER UNE SORTIE... IL ME SEMBLE QU'OURS SOLITAIRE FAIBLIT... LE MOMENT EST PEUT-ÊTRE VENU DE LUI CASSER LES REINS...
PFFUIT.... CE SALE ROUGE...
SALUT DUCHESSE ! TU TOMBES BIEN...
L'EXPRESS
GIROUD
POURQUOI DIS-TU ÇA, MA JOLIE ? TU L'AS AIMÉ JADIS...
AIMÉ ?!! IL NE S'EST JAMAIS FAIT BEAU-COUP D'ILLUSIONS... LUI COMME MOI NOUS SAVIONS, TRÈS BIEN QUE C'ÉTAIT SON POUVOIR QUE J'AVAIS ÉPOUSÉ...
QUAND J'AI COMPRIS QU'IL ÉTAIT TOUT JUSTE BON À CROUPIR ÉTERNELLEMENT DANS SON TIPI, JE L'AI LAISSÉ TOMBER
.... JE N'AIME PAS LES HÉROS MINABLES !
SHUT UP, DUCHESSE!!! OURS SOLITAIRE ME MARCHE PEUT-ÊTRE SUR LES PIEDS, MAIS C'EST UN TYPE BIEN ! ...
SHWAC !
BEN, TU VOIS, J'AURAIS JAMAIS CRU LE PATRON CAPABLE DE BRUTALITÉ...
CE SERAIT DE LA BRUTALITÉ SI Y TAPAIT SUR UNE FAIBLE FEMME SANS DÉFENSE... JE SUIS BIEN PLACÉ POUR SAVOIR QUE CE N'EST PAS LE CAS!!
LE SERGENT EST LÀ ...
QU'IL ENTRE!!

JUST CALL ME BIGEARD!!
REPOS, SERGENT, REPOS.... J'AI BESOIN DE VOUS, IL FAUT ME REPRENDRE LA TROUPE EN MAINS
FAITES-MOI CONFIANCE. ÇA ME CONNAÎT, MOI, LES P'TITS GARS... J'ÉTAIS À LITTLE BIG HORN* ET CROYEZ-MOI ON EN A BAVÉ, MAIS...
* FAMEUSE BATAILLE AU COURS DE LAQUELLE LES FÉDÉRAUX FURENT VAINCUS PAR LES INDIENS (ÉGALEMENT CONNU SOUS LE NOM DE DIEN BIEN PHU.)
PENDANT QUE CES ÉVÈNEMENTS SE DÉROULENT À FORT FRENCH, DANS LA RÉSERVE INDIENNE LES CHOSES SE GÂTENT ENTRE LE CHEF DES COWCOWS, RED JO, ET LE CHEF DES SHOSHIALOS OURS SOLITAIRE....
OURS SOLITAIRE ÊTRE DÉCIDEMENT TROP SÛR DE LUI ET DOMINATEUR!!
RED JO CHERCHER VRAIMENT MAUVAISE QUERELLE À OURS SOLITAIRE!!!
VOYONS FRÈRES...
PHARMACIE FABRE
SHUT UP!!
SHUT UP!!
OURS SOLITAIRE ÊTRE VIEILLE SQUAW PEUREUSE, PRÊTE À ENTERRER TOMAWAK DE GUERRE CONTRE QUELQUES HARICOTS SECS DONNÉS PAR CHIENS BLANCS, HUGH!!!!
DIGNE IL FAUT QUE JE RESTE DIGNE...
CRACHHT PFTIUUU
OURS SOLITAIRE AURAIT PAS DÛ FAIRE ÇA....
... FILS DU PEUPLE ROUGE AVOIR COUPÉ LANGUE A D'AUTRES POUR MOINS QUE ÇA...
HALTE! NOUVEL-OBS!
PRESS
LAISSE-MOI PASSER FAUT QU'JE DISE AUX COPAINS...

HEY! VOUS SAVIEZ, VOUS, QUE LES COWCOWS DANS LEUR UV* Y SE RENIFLAIENT LE ZIZI AVANT DE FAIRE TAC-TAC!!!
MERDE!! J'AI DÛ GAFFER...
PRESS
*écoles indiennes dont la direction est souvent assurée par des cowcows.
ALORS QUE LA BONNE ENTENTE S'EFFILOCHE AINSI ENTRE SHOSHIALOS ET COWCOWS, DANS LA PLAINE LES COMBATS CONTINUENT SPORADIQUEMENT...
CGT
OOKA HEY
PAW
PAW PAW
PAW
GOOD LORD! QUELLE SALE ENTREPRISE...
IL EN ARRIVE ENCORE LÀ-BAS!... BON! J'VAIS TÉLÉPHONER!
NON LICENCI ENTS
SUDREAU
CHAUD CHAUD LE PRINTEMPS SERA CHAUD
HALTE À LA VIE CHÈRE
À BAS LA RÉFORME HABY
UNCAL
VIVE UNION DU UPLE
DÉFENSE DE L'EMPLOI
YEAH!
VOILÀ LE RENFORT DES JEUNES GUERRIERS DE LA TRIBU DES LYCÉENS.
ALLO MAC*, ICI HABY!! ON EST À BOUT... Y-A D'L'ABUS IL EN RAPPLIQUE DE PARTOUT! ... VIENS NOUS DÉGAGER AVEC TES HOMMES...
*prononcer: PONIA.
... ET À FORT FRENCH, V.G. WINDFLOWER NE RESTE PAS INACTIF...
LE CHEF HOUARI M'A PROMIS QU'IL AP-PROVISIONNERAIT LE FORT...
MOI... LE SACHEM SUPRÊME DES ROUGES M'A ASSURÉ QUE NOUS POUVIONS COMPTER SUR SA NEUTRALITÉ BIENVEILLANTE...
PLUS TARD...
PAW
PAW
D'ORNANO
BOURGES
F.GIROUD
LECANUET
MAC
V.G.W
NECK
HABY
BIGEARD
S.VEIL
SUDREAU
LADIES AND GENTLEMEN... LES RAPPORTS DE NOS ÉCLAIREURS SONT FORMELS: RIEN NE VA PLUS CHEZ LES ROUGES... NOTRE BUT EST DOUBLE: CASSER LA RÉBELLION ET MAINTENIR NOS LIAISONS AVEC WASHINGTON... NOUS ALLONS SORTIR ET PASSER À L'OFFENSIVE DANS LA RÉGION DU VIIème PLAN ET DE L'ANGOISSE ATOMIQUE. CE SERA DUR...
ON LES AURA
PATRON!... ON LES AURA!!! AVEC MES P'TITS GARS.....

D'ORNANO . BOURGES.
CE BIGEARD, PFUIT... QUEL MANQUE DE CLASSE, QUELLE GRANDE GUEULE...
NE DIS PAS DE MAL DE LUI.. ON NE SAIT JAMAIS... A L'AVENIR QUI SAIT ?... NOUS SERONS PEUT-ÊTRE HEUREUX D'AVOIR UNE GRANDE GUEULE EN RÉSERVE....
A LA BARRE
HEY, JE PEUX VENIR AVEC VOUS ? IL ME RESTE QUELQUES BOUTEILLES DE MON ÉLIXIR MAGIQUE... ÇA PEUT VOUS ÊTRE UTILE CHEZ LES ROUGES...
DESCENDS DE LÀ CHARLATAN, OU JE TE FLINGUE !!!
ALLONS...! IL EST TEMPS !
EN ROUTE !
GIROUD VEIL LESUR DORLHAC Sisters
BANK
DOC JJSS
A UTILISER AVANT LE 12-6-75
MOI, JE RESTE AU FORT POUR SURVEILLER LE BUTIN... HI, HI, HI...
FOURCAD'BANK
IMPOTS
ET C'EST AINSI QU'AU PRINTEMPS 1875, LE COMMANDO DU CAPORAL-CHEF V.G.WINDFLOWER, QUITTA L'ENCEINTE DE FORT-FRENCH POUR ESSAYER DE MATER DÉFINITIVEMENT LA RÉVOLTE DES PEAUX-ROUGES...
BLOODY HELL !... IL VA FALLOIR SÉRIEUSEMENT IMPROVISER...
SUS AUX ROUGES
AFFIRMATIF
YEAH !..
YAP, YAP !!!
QUIVIVRAVERRA
ET MOI !! POURQUOI J'SUIS PAS DANS L'HISTOIRE...
J'suis trop petit politiquement peut-être ?
j'existe pas peut-être ...
hein ?
ET MOI J'EXISTE PLUS PEUT-ÊTRE, HEIN ?
suis-je donc politique-ment mort ?
LE FASCISME NE PASSERA PAS
JOBERT
CHABAN
VIDAL et SOLÉ adressent un salut amical à CHARLIER et GIRAUD (auteurs des aventures du lieutenant Blueberry) qu'ils ont plagiés sans vergogne. Ils adressent également leurs remerciements chaleureux aux personnalités politiques grâce à qui cette histoire a pu être écrite et, ma foi, ne pas paraître beaucoup plus invraisemblable que les Westerns habituellement proposés à l'attention de nos estimables lecteurs....
IMPROVISER V.G.WINDFLOWER EN A L'HABITUDE MAIS CETTE FOIS ENCORE, CELA SERA-T-IL SUFFISANT POUR DISSIPER LES NUAGES QUI DÉJÀ, EN CETTE FIN MARS 1875 OBSCURCISSENT L'HORIZON ? VOUS LE SAUREZ EN LISANT, UN JOUR PEUT-ÊTRE, DANS PILOTE :
LA PISTE DES SHOSHIALOS
OU, VOUS LE SAVEZ DÉJÀ GRÂCE AUX PAGES POLITIQUES DE VOTRE QUOTIDIEN HABITUEL !
75
FIN
couleurs: Evelyne TRAN LÊ.

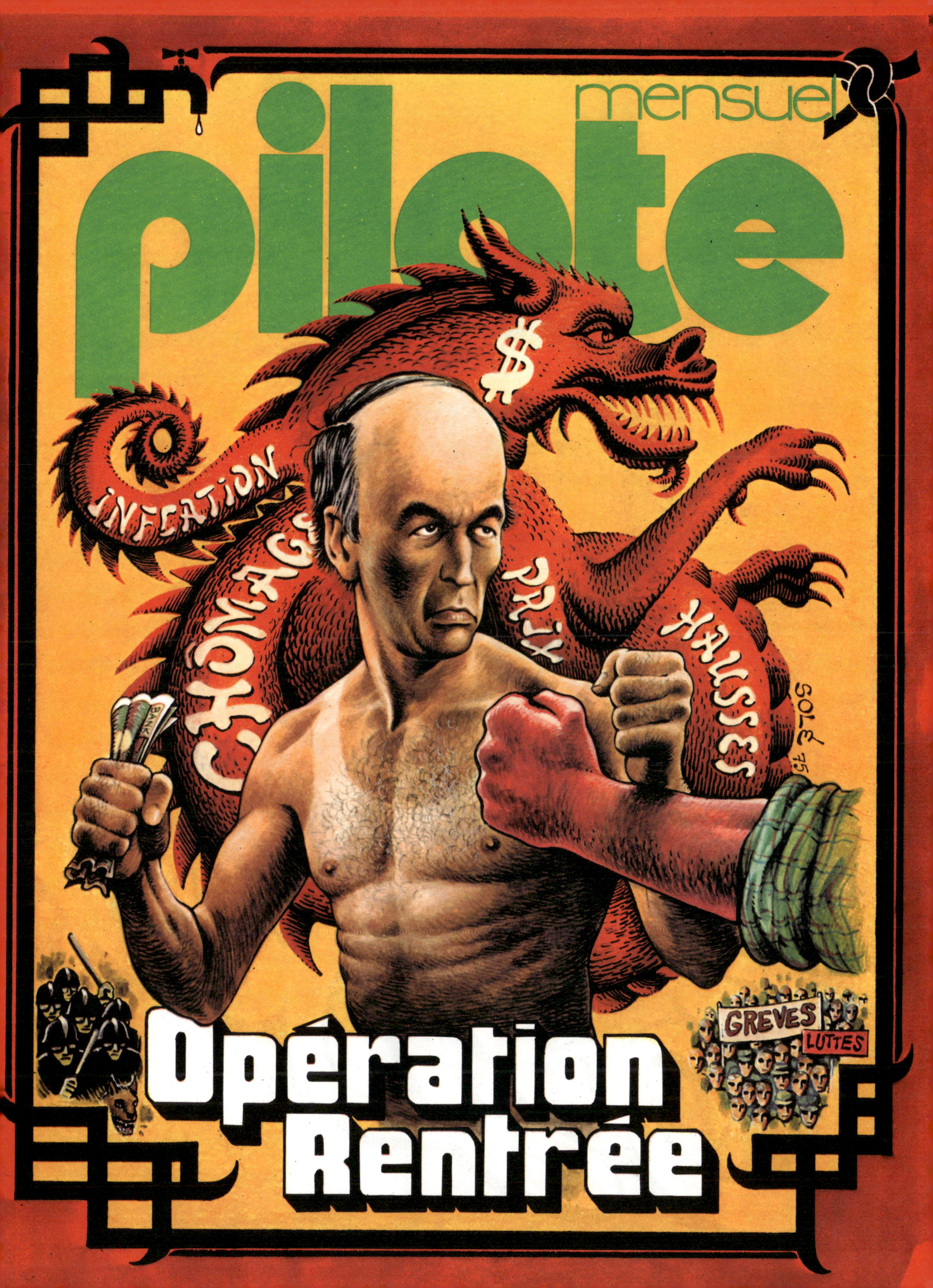

mensuel
pilote
$
INFLATION
CHÔMAGE
PRIX
HAUSSES
SOLÉ 75
BANK
GREVES
LUTTES
Opération
Rentrée

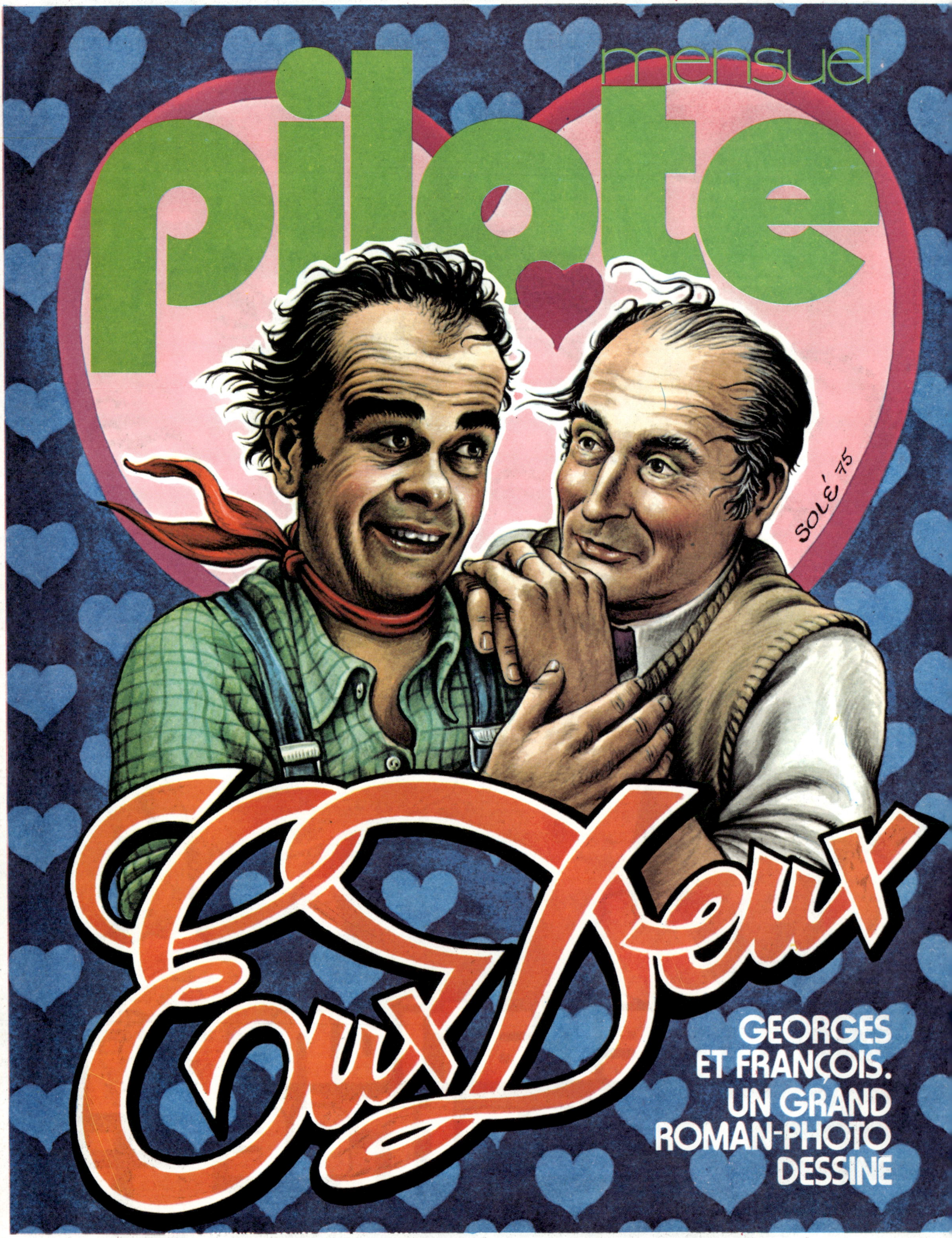
mensuel
pilote
SOLÉ 75
Eux Deux
GEORGES
ET FRANÇOIS.
UN GRAND
ROMAN-PHOTO
DESSINÉ

GEORGES & FRANÇOIS DANS:
"Quand irons nous de nouveau main dans la main sur le chemin" ?
VIDAL SOLÉ
CETTE HISTOIRE, OÙ L'AVENTURE SE MÊLE ÉTROITE-MENT À L'AMOUR, COMMENCE ALORS QUE D'UN MOUVEMENT LENT ET QUASI-SENSUEL, LE GRAND BATEAU NOIR ENFONCE SA PROUE DANS L'ONDE SOMBRE...
MON PAYS
A CET INSTANT EN PREMIÈRE CLASSE, AU MILIEU DES ORS ET DE LA MOUSSE AU CHOCOLAT AUX ŒUFS FRAIS, UN PETIT GARÇON SE MET À RIRE...
HA, HA HA HA
...ET DANS LE LOINTAIN, DE LA CLASSE TOURISTE, AU MILIEU DES CHAISES LONGUES, LE RIRE D'UN AUTRE ENFANT LUI RÉPOND...
HA HA HA
CE SIGNE DU DESTIN, NUL NE L'ENTEND, NUL NE LE COMPREND JUSQU'AU JOUR OÙ LES DEUX ENFANTS D'HIER...
...DEVENUS D'ESPIÈGLES ADOLESCENTS
?!
?!
GUY MOLLET
WALDECK ROCHET
...SE TROUVENT FACE À FACE.
Cette bouche, ces yeux... ô mon cœur prolétarien je t'en prie calme ta cadence...
ces sourcils... ô mon ciel socio-démocrate mais... c'est lui, lui...

ET SE PRODUIT ALORS CE QUI NOUS FERA TOUJOURS FRÉMIR, RÊVER ET ESPÉRER : LE COUP DE FOUDRE !
MAIS BIENTÔT, D'INTOLÉRABLES CAUCHE-MARS S'EN VIENNENT PEUPLER L'ESPRIT DE FRANÇOIS...
Prends garde François!!! ...
LÉON BLUM
Moi aussi j'ai cru notre grand amour possible ...
1936
MAURICE THOREZ
...et puis....
CRAC
NON MAURICE!! ...
NE ME QUITTE PAS!!!
IL LE FAUT LÉON, : LE DEVOIR...
DEPUIS LONGTEMPS DÉJÀ, EN EFFET, UNE AFFECTION MUTUELLE, TRAVERSÉE DE MÉFIANCE ET DE RANCUNE, LIE LES FAMILLES DES DEUX JEUNES GENS...
Guignolade Press
PRAGUE
1956
Tartine Soir
DRAME A BUDAPEST
LLE VEUT LE QUITTER. IL LA TUE
L'ARME DU CRIME
OHHH!... GEORGES... NON!...
JE NE PUIS CROIRE DE TELS PRÉSAGES...

HÉLAS, LES RELATIONS DES DEUX AMANTS S'EN MÊLENT...
GEORGES EST BEAU, CERTES, MAIS LE PHYSIQUE NE SUFFIT PAS ! PENSE AU SPIRITUEL FRANÇOIS !!
LE CHRIST ROI...
PÈRE LECANUET
EST ÇA, MON VIEUX... ON VA TE TROUVER UN
N TRANQUILLE AU SOLEIL. ICI ÇA NE LES INTERESSE PAS. CE NE SONT QUE DES MATÉRIA-LISTES SCEPTIQUES ...
LE CHRIST-ROI LE CHRIST-ROI...
...BRÛLEZ LES ROUGES
Mgr DA SILVA
C'EST RIEN ! C'EST UN AMI PORTUGAIS
OU EN ÉTAIS-JE ? AH OUI !... TU SAIS, DE PLUS, GEORGES N'EST PAS DE TON MONDE... ON NE PEUT BRAVER IMPUNÉMENT CES CHOSES-LÀ. ALLEZ, FRANÇOIS ! PLAQUE-LE ! VIENS AVEC NOUS...
OUI, MAIS... JE L'AIME
... LEURS ENNEMIS ÉGALEMENT !
PONIA
REGARDE FRANÇOIS, ÇA ÊTRE HIDEUX VISAGE ROUGE DE GEORGES AU COUTEAU ENTRE LES DENTS !!!
AAARGHH
A VENDRE
LE HENRI CAILLAVET SPÉCIMEN DE L'ESPÈCE DITE DE "L'OPPOSITION DE SA MAJESTÉ", TRÈS RÉPANDUE EN GRANDE-BRETAGNE. PRATIQUEME INCONNUE EN FRANCE.
école Primaire COURS GRAT D'ANTICOMMUN s'adresser à PONIA
ALORS QUE CES SCÈNES ÉPROUVANTES POUR LES NERFS SE DÉROULENT, LE NOIR VAISSEAU POURSUIT SA ROUTE. A BORD, PARFOIS ON CHANGE DE CAPITAINE ...
UN CAPITAINE À LA MER !!!
PLOUF
CEYRAC
AU SUIVANT !!
QUANT AUX DEUX AMOUREUX, ILS N'EN FINISSENT PAS DE RÊVER À LEUR AVENIR COMMUN...
DÈS LA PREMIÈRE LÉGISLATURE, UN PLAN PRÉVOIERA LES MESURES NÉCESSAIRES POUR AMÉLIORER ET HARMONISER LES CONDITIONS DE TRAVAIL ; ÉTABLIR ET APPLIQUER UNE NOUVELLE GRILLE INDICIAIRE TENANT COMPTE DE LA QUALIFICATION ...
GRAND FOU, VA ...

CEPENDANT, LE MARIAGE PRÉVU POUR LE PRINTEMPS 74 N'A FINALEMENT PAS LIEU. MINÉ PAR TOUS LES OBSTACLES QUI SE DRESSENT DEVANT EUX, GEORGES SOMBRE BIENTÔT DANS UNE NOIRE JALOUSIE.
AARRGH!... JE LE VOIS BIEN QU'IL LORGNE VERS CES VENDUS DU CENTRE !..
OUI, J'EN SUIS SÛR ! : IL ME TROMPE !! AÏE QUE J'AI MAL...
CE QUI L'INTÉRESSE C'EST MA DOT !! MES CINQ MILLIONS D'ÉCONOMIES !...
POLICE !! DÉGAGEZ ! CIRCULEZ !!!
BAGAGES SNCF
GARE D'AUSTERLITZ ENTRÉE INTERDITE AUX COMMUNISTES
SUR CES ENTREFAITES, DANS L'ENTREPONT, UNE VIOLENTE DISPUTE ÉCLATE CHEZ UN COUPLE AMI, COUSINS PORTUGAIS DE GEORGES ET FRANÇOIS...
TU NE M'AS JAMAIS AIMÉ !
TRAÎTRE, ARRIVISTE !!
L'AURORE
JEAN DANIEL
ET NATURELLEMENT TOUS DEUX PRENNENT FAIT ET CAUSE, CHACUN POUR SA PROPRE PARENTÉ...
C'EST ALVARO QUI A COMMENCÉ !
AH ÇA ! AH ÇA ! C'EST LA MEILLEURE ! T'AS PAS REGARDÉ MARIO !...

C'EST ALORS QUE SURVIENT LE RICHE CAPITAINE VALÉRY, SIMULATEUR ET REDOUTABLE SÉDUCTEUR BIEN CONNU À ATHÈNES COMME À CLERMONT-FERRAND TERRE DE CONTRASTE ...
VOUS ÊTES JEUNE ENCORE, FRANÇOIS (MAIS SI, MAIS SI) VOUS POUVEZ REFAIRE VOTRE VIE, IL EST TEMPS ENCORE...
AAHHH... ÉLOIGNEZ-VOUS, VIL TENTATEUR... JE NE SAURAIS VOUS ÉCOUTER... J'AI DONNÉ À GEORGES ET MON COEUR ET MA FLEUR...
INSENSIBLE AUX SUPPLICATIONS DE FRANÇOIS, LE CAPITAINE POURSUIT SON ODIEUSE TENTATIVE DE SÉDUCTION...
GEORGES
JE VOUS AIDE À VOUS DÉBARRASSER DE GEORGES...
SNIF
CE SERA UN MAUVAIS MOMENT À PASSER. MAIS IL VAUT MIEUX SOUFFRIR UNE FOIS QUE TOUJOURS...
APRÈS, JE CHANGE DE CAP ENCORE UN COUP ET... NOUS IRONS À VALPARAISO!... CAR POUR NOUS... J'AI RÊVÉ D'INCROYABLES FLORIDES...
CAPITAINE!! UN CERTAIN FABRE DEMANDE SI VOUS POUVEZ LE RECEVOIR UN INSTANT, SEUL À SEUL ??...

CEPENDANT, ALORS QUE DANS LA CABINE DE FRANÇOIS SE DÉROULE CETTE SCÈNE POIGNANTE ENTRE FRANÇOIS ET LE CAPITAINE (QUI, TOUT À SON ENTREPRISE DIABOLIQUE, A OUBLIÉ DE SE PRÉOCCUPER DU MORAL DE L'ÉQUIPAGE) À BORD LA MUTINERIE GRONDE ...
Y-EN A MARRE!
NOS SALAIRES!
NOUS VOULONS LA SÉCURITÉ !!!
DES SOUS!
DU TRAVAIL !!!
D'AUTANT QU'EN DIX ANS DE LIAISON PLUS OU MOINS CONSTANTE — ET COMPTE TENU D'UN REGRETTABLE RELÂCHEMENT DES MŒURS - DE NOMBREUX FRUITS DE L'AMOUR SONT ÉCLOS EN L'ILLÉGAL FOYER DE GEORGES ET FRANÇOIS ET QUE CES ENFANTS DE L'AMOUR SONT UN RIEN TOURNEBOULÉS PAR LA QUERELLE DE LEURS PARENTS ...
NOUS VOULONS NOS PAPAS !!!
ARRÊTEZ DE VOUS ENGUEULER!
UNION!
FRANÇOIS
UNION
VAS-Y GEORGE
ET, LA NUIT VENUE, ALORS QUE LES MACHINES SOUDAIN SE TAISENT, ON VOIT DES OMBRES INQUIÈTANTES SE GLISSER SUR LE PONT...
... ET AU MATIN...
LES MISÉRABLES!!
LES PAUVRES... SANS NOUS, ILS N'IRONT PAS LOIN...
APRÈS TOUT CE QUE J'AI LUTTÉ POUR EUX...
CO'NES DE BOUC!.. PLUS DE CAPITAINE PLUS DE MAIT'ES, ENFIN ON VA POUVOI' 'IGOLÉ: VIV'E !!!!
BABA
FIN
6
Dessin: SOLÉ 75
Texte: VIDAL
HEY, Mr LE SCÉNARISTE, VOUS TROUVEZ PAS CETTE UTOPIQUE CHUTE POUR LE MOINS AMBIGÜE ET POLITIQUEMENT DOUTEUSE!!
ÇA Y EST! ÇA M'AURAIT ETONNÉ QUE Mr "L'ARTISTE" NE TROUVE RIEN À REDIRE.!! MÔSSIEUR MANQUE D'HUMOUR SANS DOUTE....
OSEZ-VOUS PRÉTENDRE QUE LES POLITICIENS SONT TOUS À METTRE DANS LE MÊME SAC, ET QUE LA POLITIQUE C'EST PARTOUT CACA et CIE...
J'AI PAS DIT ÇA, MAIS JE SUIS HEUREUX DE VOIR QUE Mr A ENCORE DES ILLUSIONS
ESPÈCE D'ANAR' DE DROITE !!!
QUOI!!!
Mr CHERCHE LA BAGARRE
BOLCHÉVIQUE
STALINIEN !!!
TU METAIS PAS PEUR, HEY !!
MARIOS'ARÉTIEN
ETC...

mensuel
pilote
NOËL
crispé
SOLÉ

FRED: PHİLEMON
mensuel
pilote
SOLÉ 75
L'HOMME DE L'ANNEE: JACK RACKET

mensuel
pilote
I'M A POOR LONESOME PRÉSIDENT...
V.G.E. aux U.S.A.
Concorde
voyage préparé et rêvé par alexis, lauzier, fred, solé, w.eisner, etc....
IR FRANCE
WA$HINGTON
WATERGATE À TOUS LES ETAGES !!
SOLÉ d'après MORRIS

VIVE LE ROI !

PAR JAMET ET ALEXIS

La contre-révolution du 13 mai 1958 mit fin, comme on sait, à un régime illégitime et funeste. Ce régime, dont il est désormais interdit de prononcer le nom et que l'on désigne, en baissant la voix, sous le surnom de « la Quatrième »...

Bref, en 1958, Charles XI, dit Charles Grand, dit le Grand Charles, dit Charlot, dit la Grande Zora, dit Double-Mètre, dit Pique-la-lune, est remonté sur le trône de ses ancêtres. Pour la deuxième fois en 18 ans, la monarchie était rétablie.

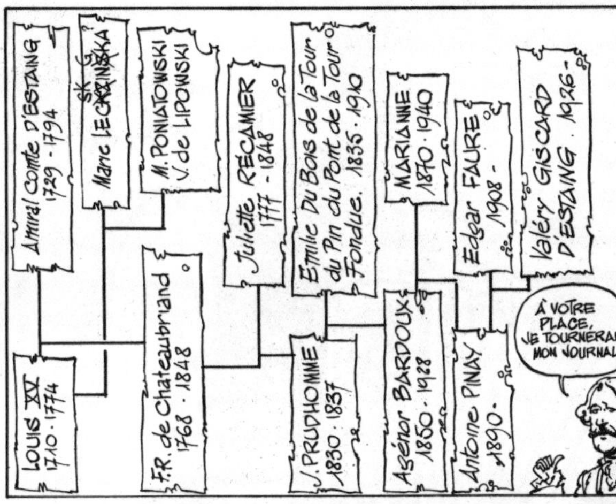

Et les petits écoliers de la doulce France apprennent désormais la succession des dynasties : les Maréchalovingiens, les Charlovingiens (branche aînée), les Charlovingiens (branche auvergnate) et, enfin, les Bourbon-Auvergne...

L'extinction de la branche des Charlovingiens de Monboudif a permis aux Bourbon de Chamalières de monter sur le trône. Ce ne fut pas sans contestation, nous le verrons. Pourtant la légitimité du roi Valéry est nettement établie...

On sait ce qu'a été l'œuvre de nos deux derniers monarques, depuis la Restauration. Des institutions que le monde nous envie. L'indépendance nationale retrouvée. Une monnaie forte, établie et respectée partout, une économie saine.

Tout petit, le prince Valéry a eu droit à des jouets magnifiques. En 1939, à 13 ans, ses parents lui ont offert une guerre « pour de vrai », comme en 14. En 1945, un char d'assaut grandeur nature — cette fois pour lui tout seul.

Hélas, il n'est encore qu'un gamin lorsque la France se trouve inopinément orpheline du Grand Charles, mort à la tâche. A peine quatre ans plus tard, le roi Georges s'effondre à son tour. Dans ces douloureuses circonstances, le prince se laisse à manifester les signes de la plus vive émotion.

Georges 1er est mort sans héritier direct. Son premier ministre n'a aucune aptitude à se saisir du pouvoir. Ne l'appelle-t-on pas Messmer le Simple ? Déjà beaucoup croient voir se lever l'aurore du règne du comte de Château-Chinon. François les Bas Rouges, dont la lame est justement réputée.

Mais un frêle adolescent relève le défi : « La couronne de France ne tombera pas en programme commun ! » Cet audacieux est le prince d'Auvergne. C'est alors, cruelle, acharnée, impitoyable, que s'engage entre onze grands féodaux ambitieux, la Guerre de Succession de Triches.

Un moment, le duc d'Aquitaine, Chaban de Bordeaux, semble devoir l'emporter. N'a-t-il pas le soutien du baron Olivier, du sire de Bray, prince de La Réunion, du chancelier Mouve de Curville. Au soir des journées de l'U.D.R., la cause de Bourbon-Auvergne semble irrémédiablement perdue, quand...

...Quand le connétable Chirac, à la tête de 43 chevau-légers, les fameux « quarante-trois », fonce au secours de l'impétueux jeune homme. Sur le champ (de bataille), Valéry fait Chirac seigneur de Bity, suzerain de Matignon. Mais l'avenir le montrera : l'ingratitude est la mémoire des rois.

Ne reste plus au juvénile héros qu'un seul adversaire, mais quel adversaire ! Le comte de Château-Chinon, qui marche à la tête de la Ligue des Communes de France, les très redoutées « bandes rouges ». C'est un excellent escrimeur, familier de la botte de Nevers et du coup de Jarnac.

Et, en ce printemps, c'est le fameux duel entre les deux survivants devant la France qui retient son souffle...

Sur cette réplique, Giscard l'emporte (par 50,8 touches à 49,2). Il devient ainsi le 44e roi de France, Valéroy 1er...

Et c'est un bel adolescent de 48 ans, qui fait son entrée solennelle et joyeuse à Paris. Follement acclamé par la moitié des Parisiens. Déjà, le souverain se distingue par une originalité folle. Ses ancêtres remontaient les Champs-Elysées en voiture. Lui, il les descend...

Valéry 1er s'est engagé à réformer. Il réforme. C'est ainsi que l'avortement est permis aux religieuses de plus de dix-huit ans ; la pilule donnée aux militaires ; que les usines âgées de moins de dix-huit ans sont déclarées zones sinistrées et que l'Etat appartient à l'U.D.R. les années paires...

...Aux Républicains Indépendants, les années impaires. Et aux centristes, les autres années. Le principe de la réforme tournante appelée « Révolution » est adoptée. La politique étrangère est également revue. La France sort de l'O.T.A.N. quand le ciel est dégagé, y rentre quand le temps se couvre.

Cependant, le geste le plus spectaculaire du roi consiste — plus fort que Josué — à retarder le soleil d'une heure, entre le 21 juin et le 23 septembre. Une réforme par jour, une idée par minute, un gadget par seconde... Le bon peuple manifeste une décrispation rarement atteinte jusque là.

Et c'est dans l'allégresse générale que le roi s'installe rue du faubourg Saint-Honoré, dans une vieille demeure... Cette demeure avait été jadis donnée par Louis XV à... une connaissance à lui. Il s'y installe avec simplicité.

Par dérogation aux coutumes, il est entendu qu'on ne se prosternera plus trois fois, mais deux, devant Sa Majesté. Les ecclésiastiques salueront militairement et les titulaires de la carte vermeille feront une génuflexion.

Il arrivait que les monarques précédents invitassent à leur table pour l'honorer, tel ou tel de ses sujets. Valéry 1er s'invite volontiers à celle de ses sujets. Avec quelques amis.

Ce qui fait environ quarante fourchettes (sans compter les troisièmes couteaux). Peu à peu alors, les invitations se font plus rares. Les bonnes gens se méfient un peu...

La vie de la Cour est extrêmement brillante. Les réceptions fastueuses se succèdent, marquées apparemment par une grande simplicité de ton. En réalité, l'étiquette est plus stricte et serrée que jamais et le roi y tient de près la main.

A table, le roi et la reine ont droit au fauteuil. Leurs invités, eux, n'ont droit qu'à la chaise. Le couple royal est servi chaud, avant tout le monde. Avec le petit personnel, on dit également que le roi est d'une très grande sévérité.

Bientôt, on apprend que Valéry 1er, qui se vante d'avoir aboli les titres, s'est fait forger des armoiries nobiliaires.

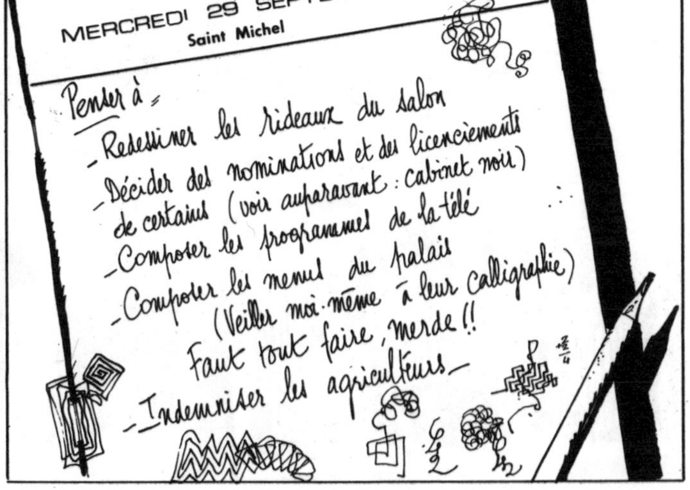

Son fanion personnel flotte partout. Dans la rue, au palais. Il n'est rien, désormais, dont ne se mêle Sa Majesté...

Le roi ne règne pas seulement, il gouverne. Tantôt de son palais, tantôt de son château d'Authon, tantôt du Fort de Brégançon, tantôt du château de Vizille ou de Varnasse.

On assure que souvent, le soir, il sort de l'Elysée par la petite porte et se fait conduire à Marly, pour y méditer à son aise. On prétend l'avoir vu du côté du Parc-aux-Cerfs...

Certains osent affirmer qu'un jour, au petit matin, à la tête de son attelage emballé, il a embouti le tombereau d'un laitier. On comprend mal qu'il ait encore de ces frasques.

Car si les Français adorent qu'il se passe quelque chose d'un peu croustillant chez le roi, ils posent une condition sine qua non : que ça se passe ailleurs que chez le leur !

Les méchantes langues se laissent alors aller à persifler. On doute du courage du roi. On met en cause sa justice...

La sécheresse ravage le pays, le franc coule, la crise redouble. Sa Majesté, parfaitement maîtresse d'elle-même, chasse...

Que lui importe qu'on s'étonne que le dauphin Henri ait été nommé ambassadeur en Chine ou que la princesse Boldoflorine ait été sous-secrétaire d'Etat à la Culture...

Le roi est optimiste. A ceux qui écrivent que la France est toujours dans le noir, il fait dire haut et fort par son connétable, que tout va bien, qu'il a aperçu le bout du tunnel.

Le mitan du règne est cependant assombri par quelques échecs... Celui de la bataille des plus-values... où, pour la première fois, on a vu la troupe des Godillots renâcler...

Sévère mais juste, le roi décide alors de leur faire sentir le mors. Il exile le connétable Chirac dans ses terres et le remplace par le chevalier Nimbus de la Barre.

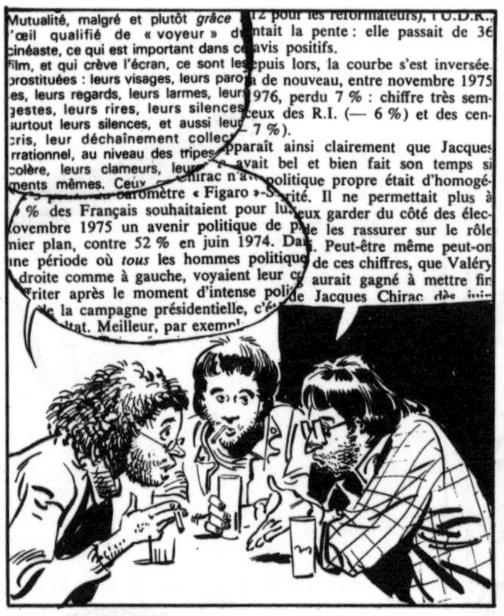

Après les Comores, Djibouti, la Bretagne, la Corse — en attendant la Martinique et la Corrèze — la Rive Gauche fait plus complète et violente sécession encore que naguère. On s'y porte des coups d'une violence (verbale) terrifiante.

Imperturbable et sûr de lui, le roi — ces derniers jours — travaillait jusqu'à une heure libérale avancée, à la Charte qu'il vient d'octroyer aux Français. Et c'est miracle aujourd'hui d'entendre les rues résonner de leurs cris de joie...

Garanti sans sondages, ni consignes de vote !

mensuel

pilote

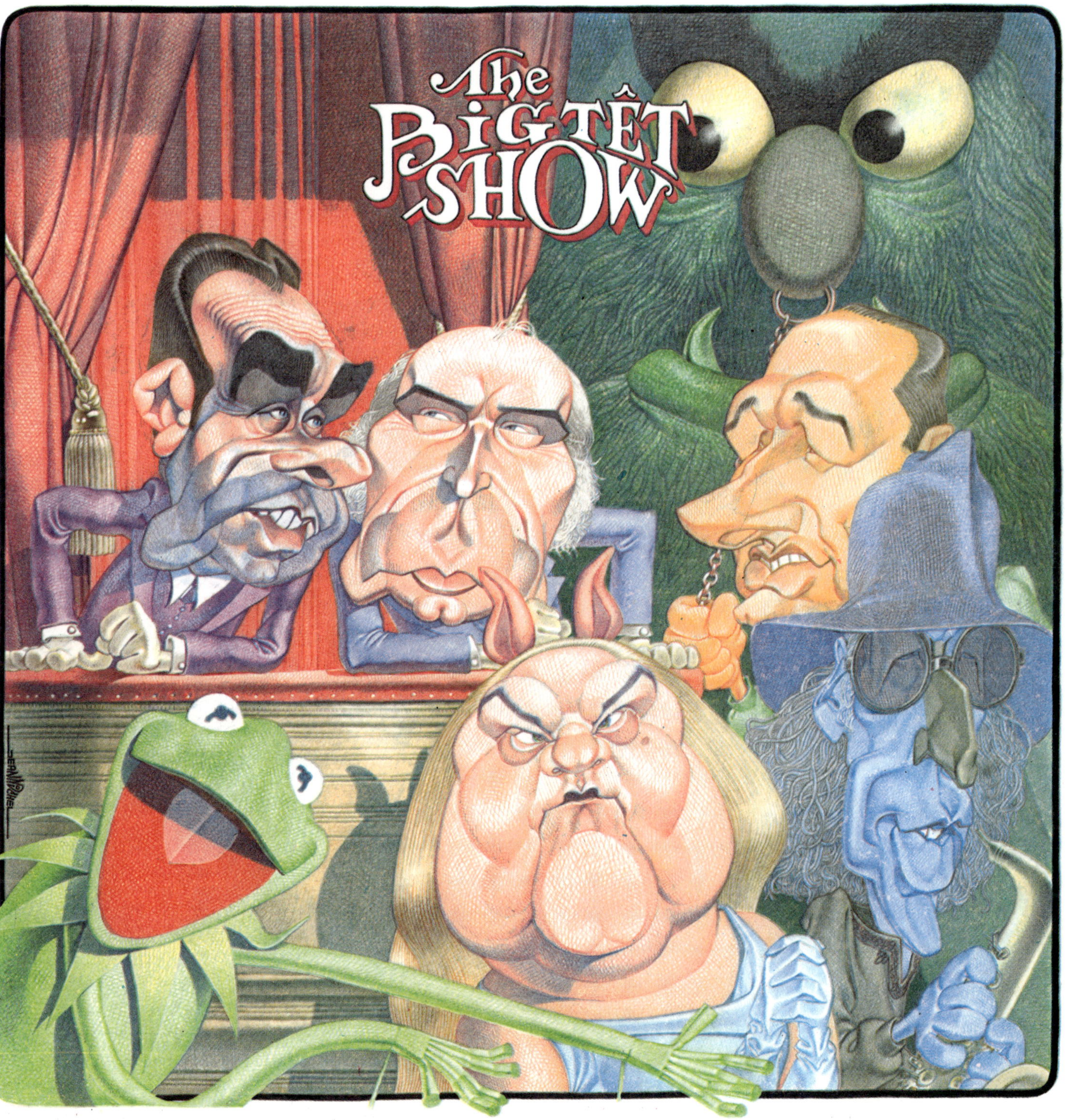

d'après Jim Henson